日本で働く方のための
（にほん はたら かた）

イラストで学ぶ！
（いらすと まな）
安全衛生漢字ドリル
（あんぜん えいせい かんじ どりる）

この「日本で働く方のための　イラストで学ぶ！安全衛生漢字ド
（にほん はたら かた　　　　　いらすと まな　あんぜん えいせい かんじ ど
リル」は、みなさんが日本で働くときに、安全にそして健康に
りる　　　　　　　　にほん はたら　　　　あんぜん　　　　　けんこう
仕事ができるようにするためのものです。仕事でけがや病気を
しごと　　　　　　　　　　　　　　　　　しごと　　　　　びょうき
しないためにも、現場の注意書きや標識を理解することが大切
　　　　　　　　げんば ちゅうい が ひょうしき りかい　　　　たいせつ
です。しかし、危ないと注意する標識や表示は、まだ日本語だ
　　　　　　あぶ　　　ちゅうい　ひょうしき ひょうじ　　　　にほんご
けで書かれているものが多いのです。そこで、安全に働くため
　か　　　　　　　　おお　　　　　　　　　あんぜん はたら
にこれだけは知っておいてほしい漢字を学べるドリルを作りま
　　　　　　し　　　　　　　　　かんじ まな　どりる　つく
した。LINEなどで人気のキャラクター「仕事猫」と一緒に、よ
　　　らいん　　　にんき きゃらくたー　しごとねこ　いっしょ
く見かける標識と漢字を覚えていきましょう。
　み　　　ひょうしき かんじ おぼ

令和元年10月
（れいわ がんねん　がつ）
中央労働災害防止協会
（ちゅうおう ろうどう さいがい ぼうし きょうかい）

— 職場のみなさんへ —

外国人労働者の増加にともない、外国人の労働災害も増えてきています。現場
では、喫緊の課題として安全衛生教育が求められているところです。
本書は、職場の安全衛生で最低限知っておいてほしい漢字を収録しました。外
国人労働者の方が独学するだけでなく、労働者への安全衛生教育や、朝礼、ミー
ティングなどチームでもご活用いただける内容となっています。本書が、職場
の安全衛生の醸成に役立つことを願っています。

令和元年10月　　　　　　　　　　　　　　　　　中央労働災害防止協会

もくじ

1. **禁** (きん) ……… p.4
   ①禁止 ②厳禁 ③禁煙
   きんし げんきん きんえん

2. **危** (き・あぶない) ……… p.6
   ①危ない ②危険
   あぶ きけん

3. **止** (とまる・し) ……… p.8
   ①止まれ ②停止
   と ていし

4. **停** (てい) ……… p.10
   ①チョコ停 ②停電 ③駐停車禁止
   ちょこてい ていでん ちゅうていしゃきんし

5. **注** (ちゅう・そそぐ) ……… p.12
   ①注意 ②注目
   ちゅうい ちゅうもく

6. **警** (けい) ……… p.14
   ①警告 ②警報
   けいこく けいほう

7. **非** (ひ) ……… p.16
   ①非常口 ②非常停止ボタン
   ひじょうぐち ひじょうていしぼたん

8. **常** (じょう・つね) ……… p.18
   ①日常 ②非定常
   にちじょう ひていじょう

9. **災** (さい・わざわい) ……… p.20
   ①災害 ②ゼロ災 ③火災
   さいがい ぜろさい かさい

10. **安** (あん・やすい) ……… p.22
    ①安全 ②安全靴
    あんぜん あんぜんぐつ

11. **急** (きゅう・いそぐ) ……… p.24
    ①至急 ②緊急 ③応急
    しきゅう きんきゅう おうきゅう

12. **救** (きゅう・すくう) ……… p.26
    ①救急 ②救護室 ③救助
    きゅうきゅう きゅうごしつ きゅうじょ

13 点 (てん) ············ p.28
① 点検 ② 点呼
　てんけん　てんこ

14 保 (ほ・たもつ) ············ p.30
① 保守 ② 保護具
　ほしゅ　ほごぐ

15 修 (しゅう・おさめる) ············ p.32
① 修理 ② 修正 ③ 修了
　しゅうり　しゅうせい　しゅうりょう

16 落 (らく・らっ・おちる) ············ p.34
① 落ちる ② 墜落 ③ 落下
　お　ついらく　らっか

17 転 (てん・ころぶ) ············ p.36
① 転倒 ② 転落
　てんとう　てんらく

18 電 (でん) ············ p.38
① 静電気 ② 電源 ③ 感電
　せいでんき　でんげん　かんでん

19 毒 (どく) ············ p.40
① 有毒 ② 中毒 ③ 食中毒
　ゆうどく　ちゅうどく　しょくちゅうどく

20 消 (しょう・けす) ············ p.42
① 消防 ② 消火器
　しょうぼう　しょうかき

21 熱 (ねつ・あつい) ············ p.44
① 熱中症 ② 熱い
　ねっちゅうしょう　あつ

22 触 (さわる・ふれる・しょく) ············ p.46
① 触る ② 触れる ② 接触
　さわ　ふ　せっしょく

知っておきたい漢字 ············ p.48
　し　　　　　かんじ
例文抜出テスト 1〜4 ············ p.52
れいぶんぬきだしてすと

1

おぼえてほしいランク ▶ ★★★★★

● 読み方　きん

① 禁止　　読み方　きんし（Kinshi）　　意味　〜してはいけない／〜してはだめです

（　）にひらがなをいれましょう。

立入 禁止 です。
たちいり（　　）

立入禁止
DO NOT ENTER ※1

※「その場所に入ってはいけない」という意味です。

② 厳禁　　読み方　げんきん（Genkin）　　意味　絶対にしてはいけない／絶対にしてはだめです

（　）にひらがなをいれましょう。

火気 厳禁
かき（　　）

火気厳禁
FIRE PROHIBITED ※1

※ ガスなど火がつきやすいものがあるところでは、火を使ってはいけません。

③ 禁煙　　読み方　きんえん（Kin-en）　　意味　たばこ禁止

（　）にひらがなをいれましょう。

ここは 禁 煙 です。
　　　（　　　）

※このマークは、「ここでたばこを吸ってはいけない」と
　いう意味です。

かいてみましょう　↓かきじゅんをなぞってみましょう

上のかきじゅんをみながらかいてみましょう

2

おぼえてほしいランク ▶ ★★★★★

●読み方 き、あぶない

注意マーク

※1

① 危ない

読み方
あぶない
(Abunai)

意味
けがをしそう
事故がおこりそう

( )にひらがなをいれましょう。

危 ないところ。
( )

！「あぶ」と読みます

※ 落ちそう・・・・・開口部　穴
　落ちてきそう・・・頭の上の荷物
　くずれてきそう・・乱れた積み方

危 ない！ぶつかる！
( )

※ 通路の曲がり角では、
　人がいるとぶつかります。

② 危険　きけん（Kiken）　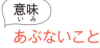あぶないこと

（　）にひらがなをいれましょう。　❗「き」と読みます
　　　　　　　　　　　　　　　　　　　　　　　　　ょ

すべりやすく危険。
　　　　　　　（　　　）

※ 床がぬれていると、すべってころびます。
　ゆか

危険に気づく。
（　　　）き

※ 前もって、危ないところをみつけておくと、
　まえ　　あぶ
　気をつけることができます。
　き

かいてみましょう　↓かきじゅんをなぞってみましょう

上のかきじゅんをみながらかいてみましょう
うえ

3

おぼえてほしいランク ▶ ★★★★★

●読み方　とまる、し

止まれマーク　※1

① **止まれ**

読み方　とまれ（Tomare）

意味　そこで待て　STOP

✎（　）にひらがなをいれましょう。

! 「と」と読みます

赤信号は 止 まれ。
あかしんごう（　）

② **停止**

読み方　ていし（Teishi）

意味　動きをやめること　動かなくすること

✎（　）にひらがなをいれましょう。

! 「し」と読みます

機械の非常 停 止 ボタンを押して！
きかい　ひじょう（　）ぼたん　お

※ トラブルがおきたら非常停止ボタンを押してから点検をします。

曲がり角ではいったん 停 止。

※ 交差点に入る前には、一度止まって、左右の安全を確認してから進みます。
停止線があれば、そこで止まります。

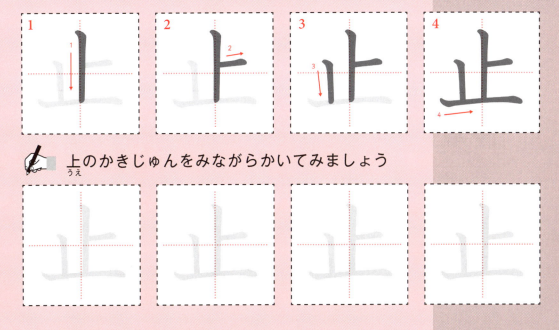

4

おぼえてほしいランク ▶ ★★★★★

● 読み方　てい

① **チョコ停**

読み方　ちょこてい（Chokotei）

意味　動かなくすること　STOP

✎ （　）にひらがなをいれましょう。

何度もちょっと停止することを
チョコ停という。
ちょこ（　）

※ トラブルで、機械が何度も停止してしまうこと。

② **停電**

読み方　ていでん（Teiden）

意味　電気が送られてこないこと

✎ （　）にひらがなをいれましょう。

雷が落ちて停電する。
かみなり　お　（　　　）

※ 他にも台風や地震などでも、停電することがあります。
　　ほか　たいふう　じしん　　　　ていでん

③ **駐停車禁止**　　読み方：ちゅうていしゃきんし（Chuuteishakinshi）　　意味：車をとめてはいけない

（　）にひらがなをいれましょう。

出入口は　駐　停　車　禁　止　。
でいりぐち　（　　　　　　　　　）

 停止マーク
ていし　まーく

 ※1

★駐停車してはいけない場所の例
　ちゅうていしゃ　　　　　　ばしょ　れい
　横断歩道付近
　おうだんほどうふきん
　交差点内
　こうさてんない
　バス停付近
　ばすていふきん
　トンネル内　　　　　　など
　とんねるない

かいてみましょう ↓かきじゅんをなぞってみましょう

 上のかきじゅんをみながらかいてみましょう
うえ

 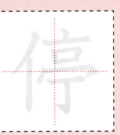  

5

おぼえてほしいランク ▶ ★★★★★

●読み方　ちゅう、そそぐ

注意マーク

※1

---

① 注意　　読み方　ちゅうい（Chuui）　　意味　気をつける
　　　　　　　　　　　　　　　　　　　　　　　しかる
　　　　　　　　　　　　　　　　　　　　　　　悪いことだと教える

　（　　）にひらがなをいれましょう。

階段ではころばないように
注意する。
（　　　）

★転びやすい場所とは
　階段
　ぬれた床
　凍った道　　など

② 注目

読み方: ちゅうもく（Chuumoku）

意味: 注意して見つめること

✎ （　）にひらがなをいれましょう。

注目!!
(　　)

※ 話を聞いてもらいたいときなどに使います。

かいてみましょう　↓かきじゅんをなぞってみましょう

✎ 上のかきじゅんをみながらかいてみましょう

6

おぼえてほしいランク ▶ ★★★★☆

① 警告　　読み方　けいこく（Keikoku）　　意味　危険を知らせること　次は許さないということ

（　）にひらがなをいれましょう。

機械の 警告 ランプがついている。
き かい（　　　）

※ 機械の異常や誤った操作、取扱いをすると、警告ランプがつきます。

② 警報　　読み方　けいほう（Keihou）　　意味　これからおこる危険を知らせること

（　）にひらがなをいれましょう。

警 報 が鳴る。
（　　）な

※ 例えば、地震や火事などでも警報が鳴ります。

かいてみましょう　↓かきじゅんをなぞってみましょう

上のかきじゅんをみながらかいてみましょう

7

おぼえてほしいランク ▶ ★★★★★

●読み方　ひ

① **非常口**　読み方　ひじょうぐち（Hijouguchi）　意味　緊急時の出口

✎ （　）にひらがなをいれましょう。

非常口（　　　）は逃げるときの出口。

※ 火事や地震などのときに出口として使います。
　右のマークがその表示。

非常口のマーク

※1

② **非常停止ボタン**　読み方　ひじょうていしボタン（Hijouteishi）　意味　緊急時に機械を止めるボタン

✎ （　）にひらがなをいれましょう。

危ないと思ったら非常停止（　　　　）ボタン。

※危険に気づいたら迷わず非常停止ボタンを押してください。

★緊急時の手順
①止める　……まず機械を止めます。
②呼ぶ　　……上司やリーダーを呼びましょう。
③待つ　　……指示を待ちます。

かいてみましょう　↓かきじゅんをなぞってみましょう

上のかきじゅんをみながらかいてみましょう

8

おぼえてほしいランク ▶ ★★★★★

●読み方　じょう、つね

① 日常　　読み方　にちじょう（Nichijou）　　意味　いつも、ふだん

 （　　）にひらがなをいれましょう。

日 常 業務はなんですか？
　（　　　　）ぎょうむ

※ 毎日する仕事をいいます。

 あなたの日常業務をかきだしてみましょう。
　　　　　　にちじょうぎょうむ

_____

_____

_____

_____

_____

② **非定常**

読み方: ひていじょう (Hiteijou)

意味: いつもとは違う、通常ではない

( ) にひらがなをいれましょう。

非定常作業は、
（　　　）さぎょう
事故がおきやすいので気をつける。
　じこ　　　　　　　　　　　　き

※いつもと違う作業をするので、労働災害が多い作業です。
保守や点検、トラブル対応などを指します。

かいてみましょう ↓かきじゅんをなぞってみましょう

  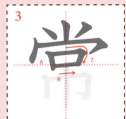 

上のかきじゅんをみながらかいてみましょう

9

おぼえてほしいランク ▶ ★★★★☆

●読み方　さい、わざわい

① 災害
読み方：さいがい (Saigai)
意味：生命や生活にかかわる被害

✎ (　) にひらがなをいれましょう。

労働 災害
ろうどう (　　　)

※ 仕事が原因のけがや病気、死亡のことをいいます。

② ゼロ災
読み方：ぜろさい (Zerosai)
意味：職場での災害がない状態をいう

✎ (　) にひらがなをいれましょう。

ゼロ災 でいこう ヨシ！
(　　) 　　　　　よし

20

※ ゼロ災運動とは、災害をゼロにするだけでなく安全で健康に働ける職場にすることをいいます。

③ 火災　 かさい（Kasai）　 火事

（　　）にひらがなをいれましょう。

火 災 発生
（　　）はっせい

※ 火事や爆発がおきたら消防署に連絡します。

かいてみましょう　↓かきじゅんをなぞってみましょう

10

おぼえてほしいランク ▶ ★★★★☆

●読み方　あん、やすい

① **安全**　　読み方　あんぜん（Anzen）　　意味　危険や災害がない状態

✏ （　）にひらがなをいれましょう。

安 全 第一
（　　　）だいいち

※ 安全をなによりも優先します。

安全第一
SAFETY FIRST

ご安全に！
（　　　）

※ 現場でのあいさつ。

② **安全靴**　　読み方：あんぜんぐつ（Anzengutsu）　　意味：作業者の足を守る靴

✎ （　）にひらがなをいれましょう。

安全靴 はつま先にしんが
（　　　）
入っている
はい

※ 安全靴については、JIS で規格が決まっています。

11

おぼえてほしいランク ▶ ★★★★☆

●読み方　きゅう、いそぐ

① **至急**
　読み方　しきゅう（Shikyuu）
　意味　とても急ぐこと

（　　）にひらがなをいれましょう。

至急、箱詰めをお願いします。
（　　　）

※ちなみに「大至急」は、至急よりもっと急いでいるときです。

② **緊急**
　読み方　きんきゅう（Kinkyuu）
　意味　事がとても重大ですぐに対応しないといけないこと

（　　）にひらがなをいれましょう。

緊急連絡
（　　　）れんらく

※緊急の場合に電話などでくる連絡を指します。

★緊急の場合とは
きんきゅう　ばあい
地震
じしん
台風
たいふう
重大なトラブル　　など
じゅうだい　とらぶる

③ 応急
　　　　読み方
　　　　よ　かた
　　　　おうきゅう
　　　　（Oukyuu）

　　　　意味
　　　　いみ
　　　　その場でできる
　　　　ば
　　　　対応をすること
　　　　たいおう

（　　）にひらがなをいれましょう。

応　急　措置
（　　　）そ　ち

※その場を間にあわせるためのとりあえずの措置をいいます。
　ば　　ま　　　　　　　　　　　　　　　そ　ち

かいてみましょう　↓かきじゅんをなぞってみましょう

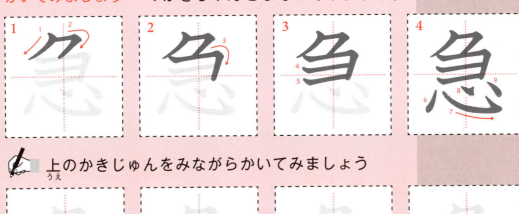

上のかきじゅんをみながらかいてみましょう
うえ

12

おぼえてほしいランク ▶ ★★★★☆

●読み方　きゅう、すくう

① **救**急　読み方 きゅうきゅう（Kyuukyuu）　意味 急病人やけが人をすぐ手当てすること

✎（　　）にひらがなをいれましょう。

だれか！ 救急車を呼んでください。
　　　（　　　）しゃ　よ

② **救**護室　読み方 きゅうごしつ（Kyuugoshitsu）　意味 応急処置をするための部屋

✎（　　）にひらがなをいれましょう。

暑さで体調が悪くなったので
救護室で休む。
（　　　　）やす

③ **救助**

読み方（よみかた）
きゅうじょ
(Kyuujo)

意味（いみ）
危険から助けること
（きけん）（たす）

 （　）にひらがなをいれましょう。

救 助 をお願いする。
（　　）　　ねが

かいてみましょう　↓かきじゅんをなぞってみましょう

上のかきじゅんをみながらかいてみましょう
（うえ）

13

おぼえてほしいランク ▶ ★★★★☆

● 読み方　てん

① **点検**　読み方　てんけん（Tenken）　意味　悪いところがないか調べる

✎（　）にひらがなをいれましょう。

機械の調子が悪いので、点検する。
（き かい）（ちょう し）（わる）　　　　（　　　）

※ 機械の調子が悪い原因を、電源を切って調べます。
　（き かい）（ちょう し）（わる）（げんいん）（でんげん）（き）（しら）

点検中の札
（てんけんちゅう）（ふだ）

※1
（担当者）

② **点呼**　読み方　てんこ（Tenko）　意味　メンバーが全員そろっているかどうか、一人ひとりの名前を呼んで確かめる
（ひとり）（な まえ）（よ）（たし）

✎（　）にひらがなをいれましょう。

従業員の点呼をする。
（じゅうぎょういん）（　　　）

※ 運転手などは車に乗る前に乗務前点呼をします。
　うんてんしゅ　　　くるま　の　まえ　じょうむまえてんこ

★点呼の内容は……？
　てんこ　ないよう

本人確認　　健康状態の確認
ほんにんかくにん　けんこうじょうたい　かくにん

睡眠の確認　　飲酒の確認　　　　など
すいみん　かくにん　いんしゅ　かくにん

かいてみましょう　↓かきじゅんをなぞってみましょう

上のかきじゅんをみながらかいてみましょう
うえ

14

おぼえてほしいランク ▶ ★★★★☆

●読み方　ほ、た<u>もつ</u>

---

① **保守**　　読み方　ほしゅ（Hoshu）　　意味　（機械などの）正常な状態をたもつこと

 （　　）にひらがなをいれましょう。

保 守 作業は大事な仕事。
（　　　）さぎょう　だいじ　しごと

※ 保守をしないでいると、機械は壊れてしまいます。
　 ほしゅ　　　　　　　　　きかい　こわ

---

② **保護具**　　読み方　ほごぐ（Hogogu）　　意味　作業中の事故や危険からからだを守るために装着するもの

 （　　）にひらがなをいれましょう。

保 護 具 のサイズがあっていない。
（　　　　）さいず

※保護具は自分のからだのサイズにあっていなければ、からだを守ることができません。

★保護具には・・・
防じんマスク、防毒マスク、保護帽、保護めがね、防護服、安全靴などがあり目的に合わせて使いわけます。

かいてみましょう　↓かきじゅんをなぞってみましょう

上のかきじゅんをみながらかいてみましょう

15

おぼえてほしいランク ▶ ★★★★☆

●読み方　しゅう、おさめる

---

① **修理**　読み方：しゅうり（Shuuri）　意味：こわれているところを直す

✎ （　）にひらがなをいれましょう。

修理中は電源を切る。
（　　）ちゅう　でんげん　き

※電源を切らないと事故につながります。

---

② **修正**　読み方：しゅうせい（Shuusei）　意味：おかしいものをただす

✎ （　）にひらがなをいれましょう。

ゆがんでいるものを修正する。
　　　　　　　　　　　（　　　）

※ 間違っている方向から、正しい状態に直す。

③ 修了　　読み方：しゅうりょう（Shuuryou）　　意味：決められた課程を修め終えること

（　）にひらがなをいれましょう。

技能講習を 修了 する。
　　　　　　（　　　）

※ 危険な作業は、免許や技能講習や、特別教育を受けていないと、その作業に就くことができないと法令で決められています。

かいてみましょう　↓かきじゅんをなぞってみましょう

上のかきじゅんをみながらかいてみましょう

16

おぼえてほしいランク ▶ ★★★★☆

●読み方　らく、らっ、おちる

① 落ちる
　読み方：おちる (Ochiru)
　意味：高いところから下に踏み外す

✎ （　）にひらがなをいれましょう。

階段からあやまって 落 ちる。
（　　）

！「お」と読みます

※2

ふみはずし注意　CAUTION STEP DOWN

② 墜落
　読み方：ついらく (Tsuiraku)
　意味：高い場所から落ちること

✎ （　）にひらがなをいれましょう。

墜 落 制止用器具
（　　）せいしようきぐ

！「らく」と読みます

③ 落下　読み方 らっか (Rakka)　意味 高いところから落ちてくること

（　）にひらがなをいれましょう。

落下する。
（　　）

「らっ」と読みます

かいてみましょう　↓かきじゅんをなぞってみましょう

上のかきじゅんをみながらかいてみましょう

17

おぼえてほしいランク ▶ ★★★★☆

●読み方　てん、ころぶ

① **転倒**　　読み方 **てんとう**（Tentou）　　意味 **ころぶこと**

（　）にひらがなをいれましょう。

ポケットに手をいれたまま
歩いて転倒（　）。

※ ポケットに手をいれていると、転んだ時にけがをします。

★他にも、転ぶ原因は
・床の油や水の汚れ
・歩きスマホ
・段差
・凍った道
・走っていて　　など

② **転落**　読み方: てんらく (Tenraku)　意味: ころげ落ちること

✎ (　) にひらがなをいれましょう。

階段をふみはずし 転 落 。
かいだん　　　　　　　(　　)

※ 階段の段差は、ふみはずしやすいので、必ず手すりをもち
　 かいだん だんさ　　　　　　　　　　　　　　　かなら て
ましょう。

かいてみましょう　↓かきじゅんをなぞってみましょう

✎ 上のかきじゅんをみながらかいてみましょう
　 うえ

18

おぼえてほしいランク ▶ ★★★★☆

●読み方　でん

① **静電気**
　読み方：せいでんき（Seidenki）
　意味：ものに蓄えられている電気。乾燥時パチパチする

✎（　）にひらがなをいれましょう。

静 電 気 が原因の爆発・火災もある。
（　　　）げんいん　ばくはつ　かさい

※ ガソリンなど引火しやすい物質を扱う場合、静電気により発火することがあります。

② **電源**
　読み方：でんげん（Dengen）
　意味：電力が送られるみなもと

✎（　）にひらがなをいれましょう。

電 源 を切る。
（　　）き

※ほかには「電源を落とす」「電源をオフにする」という表現
もあります。

③ 感電　　読み方　かんでん（Kanden）　　意味　電気がからだに流れること。電撃、電気ショック

（　）にひらがなをいれましょう。

ぬれた手でスイッチを押したら
感電した。
（　　）

※ 感電は、流れる電気の大きさで感じ方は変わります。

かいてみましょう　↓かきじゅんをなぞってみましょう

上のかきじゅんをみながらかいてみましょう

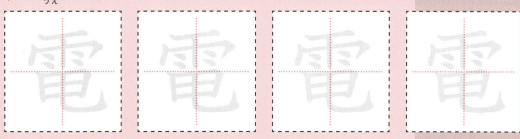

19

おぼえてほしいランク ▶ ★★★★☆

● 読み方　どく

有毒物質注意マーク

有毒物 TOXIC SUBSTANCE ※1

① 有毒

読み方　ゆうどく（Yuudoku）

意味　からだに害を与えるもの

（　）にひらがなをいれましょう。

火事で 有 毒 ガスが発生した。
か じ　（　　）が す　はっせい

※ 煙には、有毒のガスが含まれます。
　けむり　ゆうどく　がす　ふく

② 中毒

読み方　ちゅうどく（Chuudoku）

意味　毒がからだにまわること

（　）にひらがなをいれましょう。

硫化水素 中 毒 に注意！
りゅうかすいそ（　　）ちゅうい

※ 硫化水素ガスは、卵が腐ったにおいがします。
　りゅうかすいそがす　たまご　くさ
　吸ってしまうと死ぬこともあります。
　す　　　　　　　し

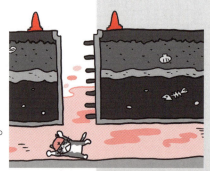

③ **食中毒**

> 読み方
> しょくちゅうどく
> （Shokuchuudoku）

> 意味
> 害のある食品を食べたことで、腹痛などをおこす病気

（　）にひらがなをいれましょう。

食中毒 予防のため、
（　　　　）よぼう
手をしっかり洗おう。
て　　　　　　　あら

※ 細菌は食中毒の原因になります。
　さいきん　しょくちゅうどく　げんいん
　細菌をつけないためにも、手洗いをしましょう。
　さいきん　　　　　　　　　てあら

20

おぼえてほしいランク ▶ ★★★☆☆

●読み方　しょう、けす

① **消防**　読み方　しょうぼう（Shoubou）　意味　火事を消すこと　予防活動

（　　）にひらがなをいれましょう。

火事にそなえて、消防訓練をする。
（か じ）　　　　（　　　）くんれん

※火が出たとき、慌てずに対処するためのトレーニングをしておきます。

② **消火器**　読み方　しょうかき（Shoukaki）　意味　職場や家庭にある、出火した時に使う火を消す道具

（　　）にひらがなをいれましょう。

火が出たので、消火器で消す。
（ひ）（で）　　（　　　）　け

★消火器の使い方
① 消火位置に運び、安全栓を抜く
② ノズルを火元に向ける
　レバーを強く握って放射
③ 消火確認

消火器マーク

かいてみましょう　↓かきじゅんをなぞってみましょう

上のかきじゅんをみながらかいてみましょう

21

おぼえてほしいランク ▶ ★★★☆☆

●読み方　ねつ、あつい

---

① **熱中症**
- 読み方：ねっちゅうしょう（Necchuushou）
- 意味：暑さで、水分が失われ、体温調節ができなくなり、おこる不調

✎（　）にひらがなをいれましょう。

！「ねっ」と読みます

暑くてジメジメしている日は、
熱中症に気をつける。
（　　　）

---

② **熱い**
- 読み方：あつい（Atsui）
- 意味：ものの温度が高い

✎（　）にひらがなをいれましょう。

！「あつ」と読みます

鉄が熱くなっている。
てつ（　）

あついはどっち？

※ 物の温度が高い場合を「熱い」といいます。
　気温の場合は、「暑い」となります。

・お湯が熱い
・今日は暑い

かいてみましょう ↓かきじゅんをなぞってみましょう

上のかきじゅんをみながらかいてみましょう

22

おぼえてほしいランク ▶ ★★★☆☆

●読み方　さわる、ふれる、しょく

① 触る　　読み方　さわる（Sawaru）　　意味　目的があって接っする

✎（　）にひらがなをいれましょう。

触 るな危険。
（　）　　　きけん

！「さわ」と読みます

※このマークは、触ることでけがややけどなど危険を知らせます。注意しましょう。

さわるなマーク

※1

さわるな
DO NOT TOUCH

② 触れる　　読み方　ふれる（Fureru）　　意味　かるくさわること

✎（　）にひらがなをいれましょう。

手で 触 れないこと！
て（　）

！「ふ」と読みます

③ 接触　　せっしょく（Sesshoku）　　近づいてふれること

( ) にひらがなをいれましょう。

車と 接触 する。
くるま　（　　）

！「しょく」と読みます

かいてみましょう　↓かきじゅんをなぞってみましょう

上のかきじゅんをみながらかいてみましょう

知っておきたい漢字

上（うえ）⇔ 下（した）

右（みぎ）⇔ 左（ひだり）

前（まえ）⇔ 後（うしろ）

縦（たて）⇔ 横（よこ）

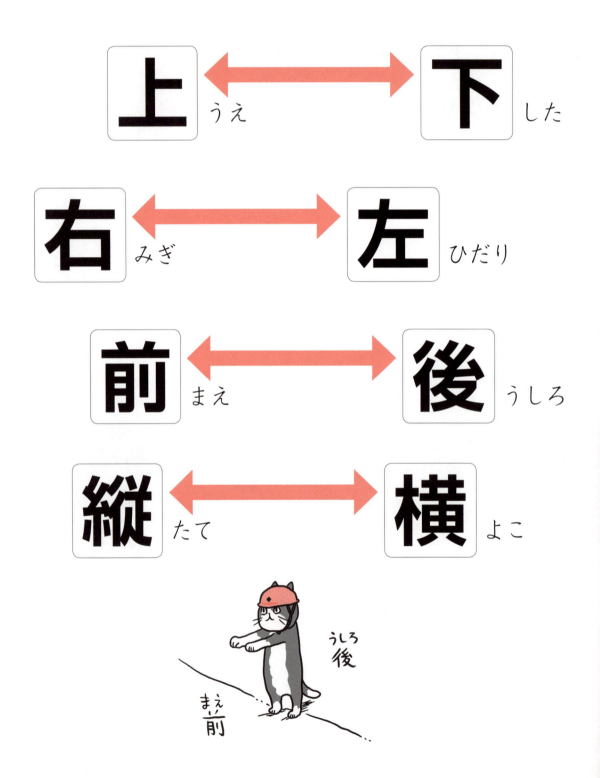

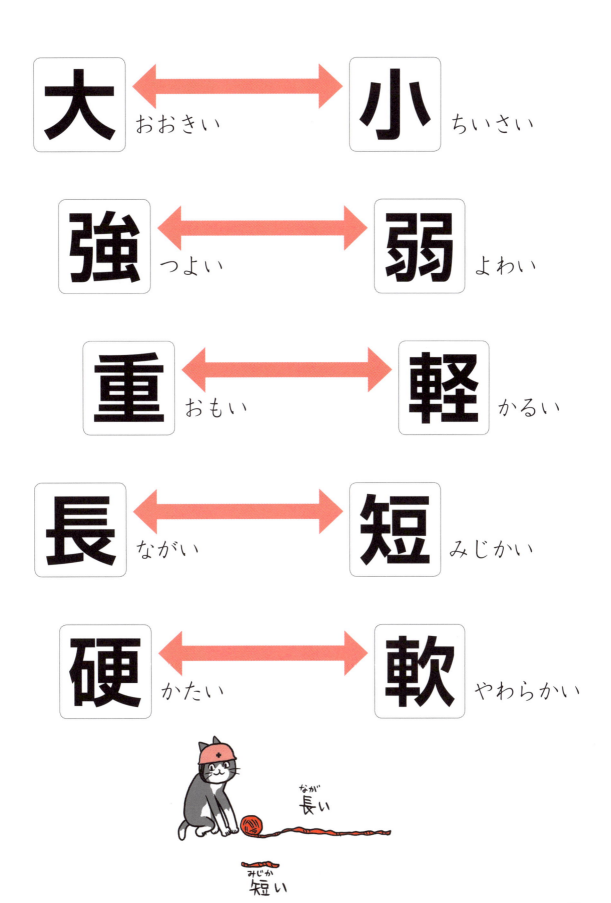

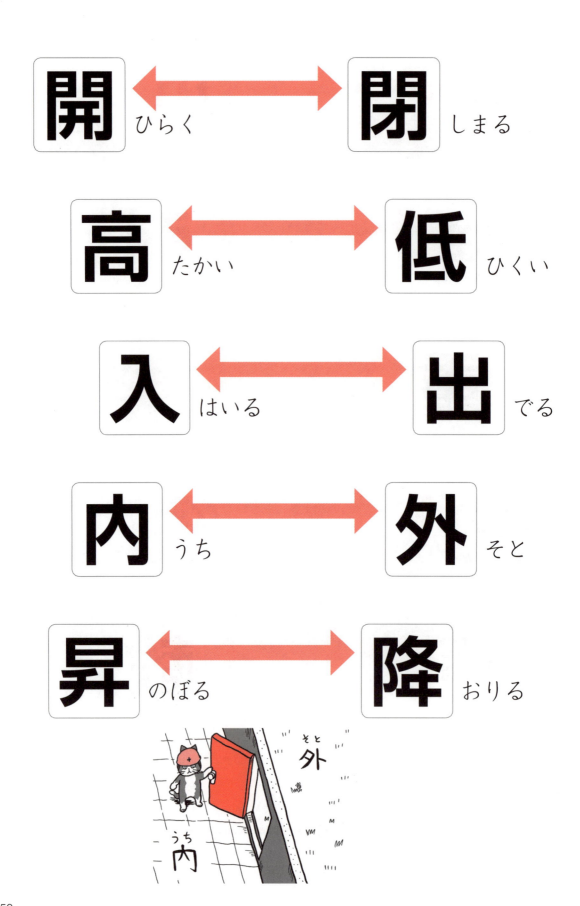

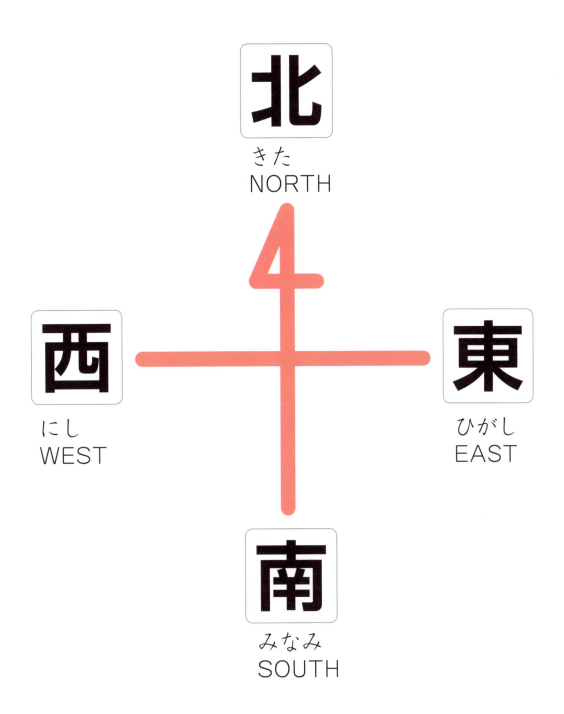

例文抜出 テスト1

( )に上の漢字の読み方のひらがなをかきましょう。

① 立入 禁止　　　　　　　　　　　　p.4
　たちいり(　　　)

② 危険 に気づく　　　　　　　　　　p.7
　(　　　)　き

③ 雷が 落ちて 停電 する　　　　　　p.10
　かみなり (　　) 　(　　　)

④ 火災 発生　　　　　　　　　　　　p.21
　(　　　)はっせい

⑤ ご 安全 に！　　　　　　　　　　　p.22
　　(　　　)

⑥ 階段ではころばないように
　かいだん
　注意 する　　　　　　　　　　　　p.12
　(　　　)

⑦ 非定常 作業　　　　　　　　　　　p.19
　(　　　　)さぎょう

⑧ だれか！ 救急 車を呼んでください　p.26
　　　　　(　　　)しゃ　よ

例文抜出 テスト2

（　　）に上の漢字の読み方のひらがなをかきましょう。

① 硫化水素 中 毒
　りゅうかすいそ（　　）　　　　　　　　p.40

② 触 るな 危 険
　（　）　　（　　　）　　　　　　　　　p.46

③ 警 報 が 鳴る
　（　　　）　な　　　　　　　　　　　　p.15

④ チョコ 停
　ちょこ（　）　　　　　　　　　　　　　p.10

⑤ ここは 禁 煙 です
　　　　　（　　　）　　　　　　　　　　p.5

⑥ 労 働 災 害
　（　　　）さいがい　　　　　　　　　　p.20

⑦ 点 検 する
　（　　　）　　　　　　　　　　　　　　p.28

⑧ 危 ないところ
　（　）　　　　　　　　　　　　　　　　p.6

例文抜出 テスト3

（　）に上の漢字の読み方のひらがなをかきましょう。

① 落下物に注意　　　　　　　　　　p.12、35
　（　）ぶつ　（　　）

② 修理中は電源を切る　　　　　　　p.32、38
　（　　）ちゅう　（　　）　き

③ 階段をふみはずし転落　　　　　　p.37
　かいだん　　　　　　　（　　）

④ ゼロ災でいこう。ヨシ！　　　　　p.20
　ぜろ（　）　　　　　　よし

⑤ 消火器で消す　　　　　　　　　　p.42
　（　　　）（　）

⑥ 赤信号は止まれ！　　　　　　　　p.8
　あかしんごう　（　　）

⑦ 緊急連絡　　　　　　　　　　　　p.24
　（　　　）れんらく

⑧ 熱中症に気をつける　　　　　　　p.44
　（　　　　）き

例文抜出 テスト4

（　　）に上の漢字の読み方のひらがなをかきましょう。

① 保護具 のサイズがあっていない　　p.30
　（　　　）さいず

② いったん 停止　　p.9
　　　　（　　　）

③ 注目!!　　p.13
　（　　　）

④ 消防 訓練をする　　p.42
　（　　　）くんれん

⑤ 至急、箱詰めをお願いします　　p.24
　（　　　）はこづ　　ねが

⑥ 安全 第一　　p.22
　（　　　）だいいち

⑦ 技能講習を 修了 する　　p.33
　ぎのうこうしゅう（　　　）

⑧ 警告 ランプがついている　　p.14
　（　　　）らんぷ

【画像提供】

※1 ユニット株式会社　http://www.unit-signs.co.jp
　　当該標識マークはユニット株式会社が版権を所有する。

※2 「平成30年度厚生労働省補助事業 多様な労働者向け職場におけるリスクのわかりやすい図示化の取組みへの支援事業」 https://www.jisha.or.jp/order/zushika

日本で働く方のための
イラストで学ぶ！ 安全衛生漢字ドリル

令和元年10月21日　第1版第1刷発行
令和3年4月6日　　　第2刷発行

編　者	中央労働災害防止協会
発行者	平山　剛
発行所	中央労働災害防止協会
	〒108-0023　東京都港区芝浦3丁目17番12号
	吾妻ビル9階
	TEL：販売　03-3452-6401
	編集　03-3452-6209
デザイン	スタジオ トラミーケ
イラスト	くまみね工房
印刷・製本	新日本印刷株式会社

©JISHA2019

◎乱丁、落丁本はお取り替えいたします。
ISBN978-4-8059-1891-3 C3081
中災防ホームページ　https://www.jisha.or.jp/

本書の内容は著作権法によって保護されています。本書の全部または一部を複写（コピー）、複製、転載すること（電子媒体への加工を含む）を禁じます。